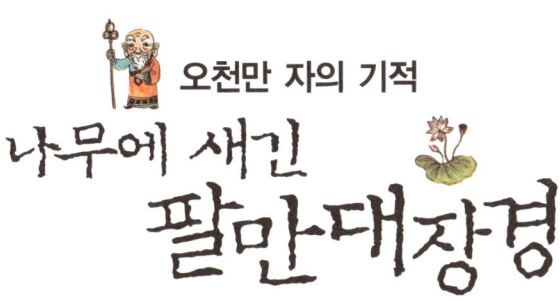

오천만 자의 기적

나무에 새긴 팔만대장경

글 윤영수 | 그림 정소영

고려의 뛰어난 판각 기술을 보여 주는 대장경판.(시몽포토)

자그마치 16년 동안 팔만 장이 넘는 목판에

한 자 한 자 피와 땀으로 새긴 대장경판.

겹겹이 쌓으면 백두산보다도 훨씬 더 높다는

참으로 수수께끼 같은 신비의 보물.

고려 사람들은 왜 이다지도 엄청난 일을 벌였을까요?

또 그것을 새기려고 얼마나 많은 사람들이 애를 썼을까요?

자, 그럼 이제부터 그 비밀의 문을 열고 들어가 보아요.

 차례

한자가 싫어! · 6

강화도로 건너가다 · 12

도둑으로 몰리다 · 21

밤마다 들려오는 소리 · 33

 팔을 다치다 · 43

경판을 완성하다 · 49

고려 각수의 마음을 새기다 · 60

 ◆ 몽골군의 침략과 팔만대장경 · 62

한자가 싫어!

"어머! 여보, 저 단풍 좀 봐."

"예쁘지? 그래서 이 계곡을 홍류동이라고 해. 물에 비친 단풍 때문에 붉은 물이 흘러가는 것 같다고 해서 붙여진 이름이지."

앞자리의 엄마 아빠는 마냥 신이 나서 차창 밖을 내다보며 호들갑을 떨고 있었다. 하지만 뒷자리에 앉아 있는 성주는 아까부터 줄곧 뚱한 얼굴을 하고 있었다.

"성주야, 저 단풍 좀 봐. 꼭 불타는 것 같지 않아?"

엄마가 돌아보며 말했지만 성주는 짐짓 모른 체했다. 성주는 엄마 아빠가 일부러 자기를 놀리는 거라고 생각했다. 어제 저녁에 성주는 엄마한테 단단히 혼이 났다. 조금만 더 조금만 더 하면서 컴퓨터 게임을 하다가 그만 한자 쓰기 숙제를 안 했던 것이다. 그래서 한자 공부 시간에 성주는 빈 공책을 보여 줄 수밖에 없었다. 선생님한테서 그 얘기를 전해들은 엄마는 아빠가 퇴근해서 집에 올 때까지 쉬지 않고 잔소리를 해댔다.

"어, 이거 집안 분위기가 왜 이래?"

아빠가 여느 때와 다른 집안 낌새를 알아채고 말했다.

"아 글쎄, 성주 좀 보세요. 컴퓨터하는 데만 푹 빠져 한자 숙제를 하나도 안 했다지 뭐예요? 당신, 지금 바로 저 컴퓨터 좀 치워요."

아빠는 그제야 무슨 일인지 알겠다는 듯 성주를 바라보며 말했다.
"왜 그랬을까? 우리 아드님이."
"아빠, 난 한자가 싫어요. 그걸 왜 해야 해요?"
성주는 뾰로통한 얼굴로 말했다.
"왜 하다니? 우리 조상님들이 쓰던 옛글이니까 마땅히 알아 둬야지. 그리고 지금 우리가 쓰는 말 속에도 한자말이 아주 많기 때문에 배워 두면 우리말을 이해하는 데도 큰 도움이 된단다."
"우리한테는 한글이 있잖아요? 언제는 한글이 세계에서 가장 뛰어난 글자라고 해 놓고선?"
"물론 그렇지만 그래도 배워 두면 조상들의 지혜도 배울 수 있고, 우리말도 더 잘 이해하고 쓸 수 있다니까."
"그래도 한자는 너무 어려워요."
한자는 진짜 너무 복잡하고 어려워 한 바닥만 쓰고 나도 팔이 무척 아팠다.
토요일 아침이 되자 아빠가 나들이를 하자고 서둘렀다. 아빠는 갈 곳도 얘기해 주지 않고 무턱대고 엄마와 성주를 차에 태웠다. 성주는 속으로 놀이공원이라도 가는 걸까 하고 바랐는데, 아빠는 엉뚱하게도 산속으로 차를 몰았다.

　마침내 다다른 곳은 팔만대장경으로 잘 알려진 해인사였다. 산바람이 상쾌하게 솔솔 불어오고 단풍도 울긋불긋 예뻤지만, 성주는 이곳으로 데려온 아빠가 영 못마땅했다. 그런데도 엄마 아빠는 뭐가 그리 좋은지 마냥 하하 호호 하며 즐거워했다.
　"자, 우리도 여기까지 왔으니까 기념품을 가져가야지."
　아빠가 앞장 서서 성큼성큼 어떤 커다란 건물 안으로 들어가자, 엄마도 곧 뒤따라갔다. 성주는 여전히 뾰로통한 얼굴로 마지못해 터벅터벅 걸어 들어갔다. 그곳에는 불교에 얽힌 유물들이 잔뜩 모여 있었지만, 성주의 눈에는 하나도 안 들어왔다. 아니, 오히려 가슴이 더 답답하기만 할 뿐이었다.
　"성주야, 이리 와 봐."
　아빠가 성주를 불렀다. 성주는 내키지 않는 걸음으로 아빠한테 다가갔다.
　"이것 봐. 이게 바로 그동안 말로만 듣던 팔만대장경이야. 물론 복원품이긴 하지만 그래도 훌륭하지 않아?"
　"아니, 별로."
　성주는 시큰둥하게 대답했다. 성주의 눈에는 모든 게 그저 어렵고 복잡해 보이기만 했다. 게다가 얼핏 보기만 해도 팔만대장경의 경판에는 그 지겨운 한자들이 깨알같이 가득했다.

　　박물관 한쪽에서는 또래로 보이는 아이들이 잔뜩 모여 손과 발 그리고 얼굴에 먹물을 묻혀 가며 대장경을 종이에 찍어 내고 있었다. 글자가 새겨진 나무 판 위에 먹물을 바르고 나서 종이를 살짝 덮은 다음 헝겊 같은 걸로 톡톡 치니 종이에 까만 한자가 찍혀져 나타났다. 성주는 그런 모습을 한심한 듯 바라보았다.

　　'저까짓 게 뭔 체험이라고 저 야단들이람?'

　　금세 따분해진 성주는 지하로 내려가는 계단으로 내려섰다. 계단은 어두컴컴했다. 바로 그때였다.

　　"네 이놈, 뭐라고? 저까짓 것이라니!"

　　성주는 깜짝 놀랐다. 어디선가 들려온 그 목소리는 마치 성주의 마음을 훤히 꿰뚫고 있는 것 같았다.

　　"누, 누구세요?"

　　"나는 팔만대장경을 나무에 새긴 고려의 각수니라. 우리가 대장경을 새기려고 얼마나 많은 피와 땀을 흘렸는지 네 녀석에게 똑똑히 보여 주마. 자, 그렇게 엉거주춤 서 있지 말고 어서 나를 따라오너라!"

　　그 말이 끝나자마자 알지 못할 힘에 이끌려 성주는 계단 아래 어둠 속으로 쑥 빨려 들어갔다.

오늘도 줄기차게 역사가 살아 숨 쉬는 곳, 강화도!

강화도에는 우리 역사의 숨결을 느낄 수 있는 곳이 아주 많아요. 청동기 시대 무덤인 고인돌에서부터 단군이 하늘에 제사를 올렸다는 마니산 참성단, 그리고 고려와 조선 시대 때 외적의 침입에 맞서 목숨을 걸고 싸웠던 곳에 이르기까지 그야말로 역사가 살아 숨 쉬는 고장이지요. (시몽포토)

강화도로 건너가다

"내려서 배를 밀어라. 어서!"

윤 대감이 다그쳤다. 하지만 배 밑바닥이 갯벌에 반쯤 잠겨 있는 데다가, 아직 물이 넉넉히 들지 않아 삿대를 열심히 저어도 배가 좀체 나아가지 않았다. 쪽배에는 윤 대감 식구 넷과 충서 식구 셋이 타고 있었다. 윤 대감 식구는 충청도 양반인데, 몽골군의 등쌀에 견디다 못해 귀중한 물건들만을 몇 가지 챙겨서 강화도에 가기로 한 것이다. 충서 식구는 윤 대감 집의 종이었다.

여러 해 전 고려를 쳐들어온 몽골군은 떼를 지어 이 마을 저 마을을 몰려다니며 닥치는 대로 사람들을 죽이고 재물을 빼앗았다. 고려는 그런 몽골군을 피해 벌써 강화도로 조정을 옮겨가 그곳에서 몽골군에 맞서고 있었다. 초원 지대에서 살았던 몽골군은 물에 약했기 때문에 바다로 둘러싸인 섬 강화도는 여러 모로 안전했다. 백성들도 마찬가지로 몽골군의 발길을 피해 강화도로 꾸역꾸역 몰려들었다.

충서 아버지는 윤 대감이 내준 금덩이를 사공한테 주고서 작은 배 한 척을 구할 수 있었다. 몽골군의 눈을 피해 새벽녘에 배를 띄울 생각이었으나 마침 물이 빠지는 시각이라 배는 갯벌에 처박혀 꿈쩍도 안 했다. 날이 밝아오면서 조금씩 물이 차오르자 윤 대감 식구와 충서 식구는 서둘러 배에 탔지만, 배가 무게를 견디지 못하고 다시 갯벌에 더 깊이 잠겼다. 금세 몽골군이 나타날지도 몰라 충서와 아버지는 배 위에서 온 힘을 다해 삿대를 저었지만 배는 그 자리에서 꿈쩍도 안 했다. 그러자 윤 대감이 눈을 부라리며 명령했다.

"내려서 배를 밀어라!"

충서 아버지는 할 수 없이 무릎까지 차오르는 바닷물로 내려가서 얼굴이 벌겋게 달아오를 만큼 있는 힘껏 배를 밀었다. 그제야 배가 조금씩 앞으로 움직였다. 바로 그때 멀리서 말발굽 소리가 들려왔다. 몽골군이 갈대밭을 가로질러 쏜살같이 달려오고 있었다.

"아, 아버지!"

충서가 놀라서 아버지를 불렀다. 아버지는 몽골군이 다가오자 더 힘껏 배를 밀었지만, 두 다리가 갯벌에 빠져 있는 터라 제대로 힘을 쓸 수가 없었다. 그러자 윤 대감의 아들 강수가 충서에게 명령했다.

"너도 내려!"

강수는 충서와 같은 열세 살이었다. 충서는 놀라서 강수를 바라봤다.

"뭐 해? 얼른 안 내리고. 다 잡히고 싶어!"

"아이고, 도련님. 안 됩니다요. 우리 충서는 안 됩니다요."

충서 어머니가 강수의 바짓가랑이를 붙잡으며 말했다. 그 바람에 배가 크게 출렁거렸다.

"어허, 가만있지 못할까? 충서는 뭣 하느냐?"

윤 대감도 강수를 거들고 나섰다. 충서는 머뭇거렸다. 하지만 한편으로 아버지를 도와야 한다는 생각도 들었다.

"충서는 그냥 놔두세요!"

윤 대감의 딸 강희 아씨가 충서를 거들고 나섰다. 충서는 강희 아씨를 바라보았다. 마음씨가 고운 강희 아씨를 볼 때마다 충서는 숨이 막힐 만큼 가슴이 뛰었다. 잠깐 강희 아씨를 바라보던 충서는 뭔가 다짐한 듯 버선을 벗었다.

"안 돼! 그러지 마!"

강희 아씨가 다시 충서를 말리며 나섰다.

"괜찮습니다요, 아씨!"

충서는 고개를 숙인 채 버선을 벗어던지고는 바다로 뛰어내렸다. 발이 갯벌에 깊숙이 빠지면서 물이 무릎 위까지 차올랐다. 충서는 아버지 옆에서 젖 먹던 힘을 다해 배를 밀었다. 그러는 동안에 몽골군의 말발굽 소리는 점점 가까워지고 있었다.

"뭣들 하느냐? 힘을 쓰란 말이다, 힘을!"

윤 대감이 뱃전에서 발을 구르며 안달했다.

"대체 뭐 하는 거야? 어서 밀어!"

강수도 덩달아 큰 소리로 다그쳤다.

"오빠, 그러지 마. 두 사람 다 힘껏 밀고 있잖아."

"시끄러, 넌!"

"충서야 괜찮아? 차갑지 않아?"

강희 아씨가 충서를 내려다보며 걱정 어린 눈으로 말했다. 충서는 강희 아씨를 한번 올려다보고는 다시 힘껏 배를 밀었다. 배는 이제 조금씩 앞으로 나아가고 있었다. 조금만 더 밀면 배 위에 올라가서 삿대를 저어도 될 것 같았다.

"충서야, 괜찮으냐? 조금만 더 참아라."

"예, 아버지. 전 괜찮아요."

바로 그때 어디선가 바람을 가르는 소리가 슝 하고 나더니 뱃전에 화살 서너 대가 잇따라 날아와 꽂혔다. 바닷가에 다다른 몽골군이 활을 쏘고 있었다. 몇몇 몽골군은 그대로 말을 달려 갯벌로 뛰어들고 있었다.

"대감마님, 위험합니다. 어서 엎드리십시오."

충서 아버지의 말에 배 위에 있던 사람들은 모두 허리를 낮췄다.

"충서야, 얼른 배에 오르거라."

충서 아버지는 충서의 허리를 붙잡아 배 위로 밀어 올리려고 했다. 충서가 아버지한테 떠밀려 뱃전에 팔을 걸쳤다.

"어딜 타려고 하느냐? 어서 배를 밀란 말이다!"

충서가 뱃전으로 오르려고 하자 윤 대감이 호통을 쳤다.

"대감마님, 부탁입니다. 우리 아들 충서는 타게 해 주십시오. 소인이 제 아들 몫까지 죽을힘을 다해 밀겠습니다요."

"다 죽는 꼴을 보겠다는 게야? 안 된다!"

"대감마님, 하나뿐인 아들입니다요, 제발!"

충서 아버지는 눈물을 흘리며 윤 대감에게 빌고 또 빌었다. 충서는 뒤를 돌아보았다. 몽골군 서넛이 말을 타고 갯벌 위에서 어기적어기적 다가오고 있었다. 말발굽이 갯벌에 빠져 달리기가 어려웠던 것이다. 하지만 거리는 점점 더 가까워지고 있었다.

"대감마님, 제발 저희 아들만은 살려 주십시오."

충서 어머니도 같이 윤 대감한테 빌었다.

"안 돼요!"

강수가 싸늘하게 내뱉었다. 충서 어머니는 눈물로 범벅이 된 얼굴로 윤 대감과 강수를 번갈아 바라보았다. 그때였다.

"저도 내리겠어요. 충서를 안 태우면 저도 내리겠다고요."

강희 아씨가 금세라도 물에 뛰어내릴 듯 뱃전에서 치마를 살짝 걷어 올렸다. 윤 대감이 놀란 얼굴로 강희를 바라보았다.

"충서를 안 태우면 삿대는 누가 저을 거예요?"

윤 대감이 할 수 없다는 듯 고개를 끄덕거렸다. 충서 아버지가 충서의 허리를 힘껏 밀어 올리자 강희 아씨가 손을 내밀어 충서의 손을 잡아 주었다. 충서는 잠깐 멈칫하다가 그 손에 힘을 주어 그대로 훌쩍 배 위로 올라탔다.

"아버지도 어서 타세요."

하지만 충서 아버지는 고개를 살며시 가로젓고는 다시 배를 밀었다.

바닷물이 깊어지면서 배가 제법 빨리 움직이고 있었다.

"아버지, 어서요!"

바로 그때 충서 아버지가 낮은 신음소리를 냈다. 아버지 어깨에 화살이 날아와 박혀 버린 것이다. 충서 아버지는 마지막 힘을 내어 배를 힘껏 밀고는 그대로 쓰러졌다.

"아버지!"

"여보!"

충서와 충서 어머니가 놀란 나머지 거의 같이 소리쳤지만, 아버지는 힘겹게 두 사람한테 어서 가라며 손을 내저었다. 충서가 애타게 소리를 질렀지만 배는 이제 물결을 타고 먼 바다 쪽으로 둥실둥실 흘러갔다. 마침내 다가온 몽골군들이 아버지를 에워싸는 것이 저 멀리 보였다. 몽골군들은 아버지를 질질 끌고 갔다.

"아버지!"

충서는 목 놓아 아버지를 불렀고 어머니는 그 자리에서 정신을 잃고 말았다. 드넓은 바다 위로 갈매기 한 쌍이 한가로이 날아가고 있었다.

역사스페셜박물관

고려궁터
고려 고종 19년(1232년)에 몽골군이 쳐들어오자 무신정권의 우두머리 최우가 서둘러 강화도에 세운 임시 왕궁이 있던 곳입니다. 그 뒤 원종 11년(1270년)에 다시 개경(지금의 개성)으로 옮겨가기까지 39년간 고려의 도성이었던 곳이죠. 이곳에서 고려는 몽골군에 맞서 항전을 하는 한편, 팔만대장경을 만드는 대장도감을 두기도 했습니다. (시몽포토)

강화성 서문
강화성 서문인데요. 이곳 서문 밖에 바로 팔만대장경을 보관하던 대장판당이 있었다고 하는군요. 《고려사》에 보면 1251년에 왕이 문무백관을 거느리고 이곳 서문 밖에 나와서 향을 피워 올렸다고 해요. 아마도 대장경이 완성된 것을 기념하여 이곳에서 축하 행사를 치렀던 것으로 보입니다. (시몽포토)

올 테면 와 봐!

강화산성
강화읍을 에워싸고 있는 고려 시대 산성입니다. 최우가 몽골군에 쫓겨 강화도로 수도를 옮긴 뒤 쌓은 성입니다. 성은 내성, 중성, 외성 세 겹으로 되어 있는데, 내성의 둘레는 1200미터쯤으로 지금의 강화성을 말합니다. 외성은 강화도 동쪽 바닷가를 따라 쌓았는데, 몽골군이 바닷길로 쳐들어올 것에 맞서 쌓은 아주 중요한 방어 시설이었습니다. (시몽포토)

도둑으로 몰리다

바다를 넘어온 바람은 매서웠다. 충서는 집을 나서 보지만 막막하기만 했다. 아버지를 내버려 두고 가까스로 건너온 강화도였지만 먹고살기가 힘들긴 마찬가지였다.

온 섬은 몽골군을 피해 넘어온 사람들로 북적거렸다. 좁은 섬에 많은 사람들이 몰려들자 강화도에서 나는 곡식만으로는 먹을거리가 턱없이 모자랐다. 산에 있는 나무마저 모조리 베서는 땔감으로 쓰는 바람에 산이 온통 벌거숭이가 되었다. 그나마 양반들은 그래도 형편이 좀 나았다. 가져온 재물로 집도 장만하고 비싼 값에 곡식을 사 먹을 수도 있었으니 말이다.

"이제 너희 모자는 필요 없으니 곧장 이 집을 나가거라!"

강화도로 건너오자마자 윤 대감은 충서와 어머니를 내쫓았다. 종 노릇을 하던 아버지가 없는 마당에 더는 쓸모가 없다는 것이었다.

"대감마님, 제발 저희 모자를 내쫓지 말아 주십시오."

어머니는 눈물을 흘리며 몇 차례나 매달렸지만 아무 소용이 없었다. 엎친 데 덮친 격으로 찬바람이 불어오자 어머니는 평소 앓던 가슴앓이가 더 심해져 자리에 눕고 말았다. 충서는 할 수 없이 언덕배기에 갈대와 나뭇잎을 이리저리 엮어 겨우 비바람만 피할 수 있는 움막을 지어 어머니를 보살폈다. 열세 살짜리 충서가 지은 움막은 그나마 무너져 내리지 않고 있는 게 다행이었다.

"어서 땔감을 구해 와야 할 텐데."

충서는 땔감을 구하러 집을 나섰다. 기침을 해 대는 어머니를 위해 움막 안에 불을 지펴야 했다. 하지만 어디에서도 땔감을 쉽게 구할 수가 없었다. 어느새 충서의 발걸음은 윤 대감 집 앞에까지 가 있었다. 윤 대감은 뭍에서 가져온 재물로 임금님이 사시는 궁궐 가까운 곳에 번듯한 집을 샀다.

충서는 강희 아씨라도 볼 수 있을까 해서 윤 대감 집 대문 안을 기웃거렸다. 마음씨 착한 강희 아씨라면 먹을거리와 땔나무를 꾸어 줄지도 몰랐기 때문이다.

"아니 이게 누구야? 충서 맞지?"

갑자기 등 뒤에서 낯익은 목소리가 들려왔다. 충서는 화들짝 놀라 뒤돌아보았다. 거기에는 강희 아씨와 마님이 서 있었다. 절에라도 다녀오는지 젊은 스님도 한 분 같이 서 있었다.

"아, 아씨……."

충서는 움찔하며 뒷걸음질쳤다.

"네가 여긴 웬일이냐?"

아씨 옆에 있던 마님이 차갑게 말했다.

"지, 지나가는 길에……."

"그래? 그럼 어서 가던 길이나 가려무나!"

강희 아씨 어머니가 대문 안으로 걸어 들어가면서 말했다.

"잘 지내지? 어머니도 건강하시고?"

강희 아씨가 걱정스럽게 물었다.

"예, 아씨. 자, 잘 지내고 있습니다요."

충서는 얼떨결에 대답했다.

"다행이구나. 다들 어렵다는데."

"강희야, 뭐 해? 얼른 들어오지 않고!"

마님이 대문간에서 돌아보며 큰 소리로 말했다. 그때였다. 때마침 강희 아씨 오빠인 강수가 대문으로 어머니를 마중하러 나오다가 충서를 보고는 냅다 소리를 지르며 말했다.

"이놈아, 넌 왜 여기서 얼쩡거리느냐? 설마 네 아버지가 그렇게 된 걸 우리한테 뒤집어씌우려고 그러는 거야?"

"오빠, 무슨 말을 그렇게 해?"

강희 아씨가 오빠를 막아서며 눈을 동그랗게 뜨고 말했다.

"안 그러면 저 녀석이 우리 집에 무슨 볼일이 있겠어? 자, 저놈한테 신경 쓰지 말고 얼른 들어가자!"

강수는 강희 아씨 손목을 붙잡고 대문 안으로 들어가 버렸다. 따라 들어가던 젊은 스님이 잠깐 멈칫하더니 충서를 바라보며 말했다.

"올해 몇 살이신가?"

"예? 여, 열세 살입니다."

충서는 스님의 갑작스러운 물음에 어쩔 줄 몰라 하며 말했다.

"쯧쯧. 나이가 어려 그 일도 안 되겠고, 나무 관세음보살."

스님이 대문 안으로 들어서자 커다란 대문이 쿵 하고 닫혔.

충서는 바닷가를 힘없이 걸었다. 어찌해야 할지 막막하기만 했다. 이제 이틀이면 보리죽마저 동이 날 판이었다. 다시 바람이 불어왔다. 충서는 차가운 바람이 원망스러웠다. 찬바람이 불면 어머니의 기침이 더 심해졌기 때문이다.

"아버지는 어떻게 되셨을까?"

충서는 짐승처럼 끌려가던 아버지의 마지막 모습이 떠오르자 가슴이 미어지듯 아파 왔다.

바로 그때 어디선가 쿵쿵거리는 소리가 들려왔다. 그 소리를 따라 바닷가 모퉁이를 돌아서던 충서는 입이 딱 벌어지고 말았다. 바닷가에는 엄청나게 많은 통나무가 쌓여 있었다. 그 가까운 곳에서는 통나무를 가득 싣고 온 배들이 통나무를 바닷물에 풍덩풍덩 빠트리고 있었다. 또 바로 그 옆에서는 많은 사람들이 통나무를 나르거나 다듬고 있었다.

무엇보다 충서의 눈길을 끈 것은 다듬은 통나무 옆에 엄청나게 쌓여 있는 통나무 껍질들이었다. 그것은 훌륭한 땔감이었다. 저것만 있다면 움막을 얼마든지 따뜻하게 할 수 있을 것 같았다. 충서는 자기도 모르게 통나무 껍질 더미 쪽으로 발길을 옮겼다.

"자, 밥 먹으러 갑시다."

마침 점심때가 됐는지 통나무를 다루던 사람들이 모두 언덕으로 올라가고 있었다. 거기에는 초가집이 여러 채 늘어서 있었고, 마당에는 커다란 무쇠솥들이 셀 수도 없이 걸려 있었다. 달콤한 밥 냄새가 바람결에 실려 왔다. 충서의 뱃속에서는 꼬르륵 하는 소리가 절로 나왔다.

충서는 사람들이 다 빠져나가자 통나무 껍질 더미 쪽으로 다가갔다. 처음엔 잠깐 주저하기도 했지만, 통나무만 쓰고 껍질은 틀림없이 버릴 거라는 생각이 들자 충서는 갑자기 용기가 생겼다.

"그래, 이것만 있으면 어머니를 얼마든지 따뜻하게 해 드릴 수 있어."

충서는 통나무 껍질을 주섬주섬 주워 품에 안았다. 그렇게 통나무 껍질을 한 아름 안고 돌아서려고 하는데, 어느새 뒤에서 벼락같은 소리가 들려왔다.

"저놈 잡아라!"

충서는 깜짝 놀라서 돌아보니 저 뒤에서 몇 사람이 충서 쪽으로 달려오고 있었다. 충서는 놀라서 멍하니 그들을 바라보고만 있었다.

"이 도둑놈아, 이게 어떤 물건인 줄 알고 가져가느냐!"
 다가온 사내들이 다짜고짜로 충서를 밀치자 충서는 뒤로 벌렁 나자빠졌다. 그러면서도 품에 안은 나무껍질은 안 놓았다.
 "어허, 이 지독한 놈 좀 보게나! 여보게들, 곧장 이놈한테 매운 맛을 보여 주자고. 틀림없이 그동안 나무를 훔쳐 간 그놈일 걸세."
 "아, 아니에요. 저는 안 훔쳤어요."

충서는 못내 억울하다는 낯빛으로 말했다.

"뭐야, 안 훔쳤다고? 그럼 네가 안고 있는 건 뭐냐? 그건 나무가 아니고 돌덩이더냐, 이놈아!"

"저는 못 쓰는 건 줄 알고……."

충서가 얼버무리며 말했다.

"예끼, 고얀 놈! 네 놈이 간이 배 밖으로 나온 놈 아니더냐?"

"아니에요! 저는 정말로 버리는 건 줄 알았어요."

"시끄럽다! 이제 와서 그래 봤자 아무 소용없어. 여보게들, 이놈을 곧장 묶어서 바다에 던져 버리자고!"

그 말이 떨어지기 무섭게 사내들이 충서한테로 달려들었다. 충서는 발버둥을 치며 말했다.

"이거 놓으세요. 그럼 나무를 돌려드리면 되잖아요. 엄마한테 가 봐야 한단 말이에요."

충서는 더럭 겁이 났다. 땀 냄새와 술 냄새가 풍기는 사내들이 진짜로 바다에 던져 버릴지도 모른다는 생각이 들었다.

"무슨 일이냐?"

바로 그때 충서의 뒤에서 낮고 굵직한 목소리가 들려왔다. 사내들이 충서를 손에서 놓고는 모두 고개를 조아렸다. 충서는 뒤를 돌아보았다. 거기에는 늙은 스님 한 분과 아까 윤 대감 집 앞에서 봤던 젊은 스님이 나란히 서 있었다.

"예, 큰스님. 이 녀석이 나무를 훔쳐 가려 하기에 잡아서 혼을 내 주고 있습니다요."

"벌건 대낮에 나무를 훔치려 했다니, 정말이더냐?"

큰스님이 충서를 그윽한 눈으로 바라보며 말했다. 그 따뜻한 모습에 충서는 그만 울음이 터져 나오고 말았다. 충서가 어깨를 들썩이며 울자 젊은 스님이 큰스님한테 뭔가 귓속말을 했다.

"윤 대감 집 노복 아들이라고?"

"예, 스님. 듣자 하니 저 아이 아버지는 강화도로 건너오는 길에 그만 몽골군에 잡히고 말았답니다."

"나무 관세음보살. 그래 몇 살이더냐?"

바로 그때 큰스님 뒤의 젊은 스님이 입을 움직여 '열다섯' '열다섯'이라고 일러 주었다. 충서는 금세 그 뜻을 알아차렸다.

"여, 열다섯입니다."

충서의 목소리가 떨려 나왔다. 큰스님은 가만히 충서를 바라보다가 이윽고 일꾼들을 둘러보며 말했다.

"여보게들, 열다섯이면 여기서 일해도 될 나이 아닌가?"

"하지만 몸집이 너무 작아서 힘든 일을 할 수 있을지 모르겠습니다."

"일이란 게 몸으로만 하는 것이던가? 이 아이를 받아 주고 어른 품삯의 절반을 쳐 주게나."

"예, 스님."

그렇게 사납게 굴던 사내들이 큰스님한테는 고개를 거푸 조아리며 고분고분 대답했다. 충서는 무슨 영문인지 몰랐다.

"너 여기가 무슨 일을 하는 덴지 알겠느냐?"

큰스님이 다시 물었다. 충서는 고개를 가로저었다.

"이곳은 부처님 말씀인 불경을 나무에 새겨 경판을 만드는 곳이니라. 그러니 온 정성을 다해 나무를 다뤄야 하느니라."

충서는 큰스님이 저 멀리 사라진 뒤로도 정성이라는 말을 몇 차례나 되뇌었다.

역사스페셜박물관

대장경의 또 다른 판각지
경남 남해의 관음포에 이웃한 대사리에는 고려 시대 때 큰 절이 있었는데, 여기서도 팔만대장경이 만들어졌다고 합니다. 이곳은 지리산이 가까이 있어 대장경을 만들 수 있는 좋은 목재를 구하기가 편리했기 때문입니다. (시몽포토)

남해에도 판각지가 있었다는 뚜렷한 증거
대장경에는 지명을 밝힌 경판이 딱 한 장 나옵니다. 이 경판에 보면 '정미세 고려국 분사남해 대장도감 개판'이라고 씌어 있는데요, 이는 바로 남해의 분사도감에서도 경판을 만들었다는 것을 말해 주고 있습니다. 오른쪽은 그 부분을 종이에 인쇄하여 찍은 것입니다. (《나무에 새겨진 팔만대장경의 비밀》, 박상진, 김영사)

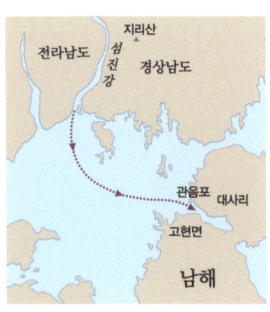

나무는 어떻게 운반했을까?
지금은 남해 관음포 일대의 지형이 많이 달라졌지만, 고려 시대 때만 해도 지리산에서 자른 목재를 섬진강에 띄우면 강물을 따라 흘러가 그대로 관음포에 닿았다고 하는군요. 이렇게 옮겨진 나무는 뻘밭에 삼 년간 묻었다가 꺼내서 썼다고 하는데, 이러면 나무가 틀어지거나 안 갈라지고 또 해충이 생기질 않는다는군요.

그래, 바로 저기야!

산벚나무
팔만대장경을 만드는 경판의 목재는 주로 산벚나무를 썼다고 합니다. 산벚나무는 잘 틀어지거나 안 갈라질뿐더러 어디서나 쉽게 볼 수 있었기 때문에 경판 만드는 데 많이 썼다고 합니다. 그 밖에도 돌배나무, 층층나무, 자작나무, 후박나무 같은 나무들도 조금씩 썼다고 합니다. (시몽포토)

밤마다 들려오는 소리

충서가 일하게 된 곳은 대장도감이었다. 몽골군이 쳐들어오자 고려 땅은 쑥대밭이 되었다. 고려 조정은 강화도로 옮겨갔고 백성들은 큰 고통에 시달렸다. 고려는 이 위기를 이겨 내려고 부처님의 힘을 빌리기로 했다. 부처님의 말씀을 목판에 새겨 대장경을 만들면 부처님이 도와줄 거라고 믿었다. 또한 대장경을 정성스럽게 만들어 가다 보면 나라의 힘을 한 곳으로 모을 수 있을 거라고도 생각했다. 바로 그 일을 하는 곳이 대장도감이었던 것이다.

충서는 신이 났다. 나라에서 하는 일을 함께할 수 있는 데다가 무엇보다 대장도감에서 받은 품삯으로 어머니를 봉양할 수 있어 더없이 좋았다. 또 나무를 다듬고 난 찌꺼기를 가져가 움막을 따뜻하게 할 수도 있어 추위에 떨지 않아도 되었다

"오늘부터는 목판을 각수들한테 가져다주는 일을 해라!"

어느 날 젊은 스님이 충서한테 와서 말했다. 그동안 충서는 차가운 바닷물에서 커다란 통나무를 건지는 일을 했다. 그 일은 어린 충서한테는 힘에 겨운 일이었다. 하지만 충서는 힘들 때마다 큰스님께서 말씀하신 '정성'이라는 말을 되새기며 열심히 일했다. 충서가 하도 열심히 일하니까 젊은 스님이 좀 쉬운 일을 맡긴 것이다.

목판을 지게에 잔뜩 짊어진 충서는 젊은 스님을 따라 각수들이 일하는 곳으로 갔다. 각수는 스님들이 종이에 쓴 불경을 목판에 붙인 다음 글자를 새기는 일을 하는 사람들을 말한다. 각수들은 바닷가에서 좀 떨어진 큰 집에 모여 있다고 했다. 각수들이 있는 곳으로 간 충서는 깜짝 놀랐다. 그곳엔 군사들이 눈을 부라리며 지키고 있었다. 군사들은 그곳에 들어가려는 사람들의 몸을 일일이 다 뒤지고 난 뒤에야 들여보냈다. 젊은 스님과 충서도 마찬가지였다.

"여긴 왜 이렇게 무시무시하죠?"

충서가 젊은 스님한테 물었다.

"여기가 바로 각수들이 대장경을 만드는 마지막 곳이란다. 그러니 잘 지켜야 하지 않겠어?"

충서는 목판을 내려놓고 각수들이 일하는 방 안을 살며시 들여다보았다. 넓은 방에는 몇십이나 되는 각수들이 쥐 죽은 듯이 목판에다 글자를 새기고 있었다. 오로지 조각칼을 두드리는 망치 소리만이 한결같이 울려 나오고 있었다. 그런 각수들의 모습은 너무나 엄숙했다. 충서는 이

방 저 방을 둘러봤으나 어느 방이나 마찬가지였다. 각수들의 차림새도 여러 가지였다. 스님도 있었고, 옷을 잘 차려 입은 양반도 있었으며, 충서처럼 낡고 헤진 옷을 입은 평민들도 보였다.

"어머, 이게 누구야? 충서 네가 여긴 웬일이냐?"

귀에 익은 목소리였다. 충서가 뒤를 돌아다보았다. 강희 아씨였다.

"아, 아씨께선 어떻게?"

충서는 놀란 얼굴로 강희 아씨를 바라보며 말했다.

"난 오빠를 만나러 왔어. 이걸 전해 주려고."

강희 아씨의 손에는 먹을 것을 싼 듯 보이는 보자기가 들려 있었다.

"오빠가 여기서 각수 일을 하고 있거든. 근데 너는?"

충서는 대답 대신 마당 한쪽에 세워 놓은 자신의 지게를 바라보았다. 강희 아씨는 금세 알아차리고는 말했다.

"너도 대장도감에서 일하는구나. 정말 잘 됐다. 근데 힘들진 않아?"

"괘, 괜찮아요."

"너도 각수가 되면 좋을 텐데."

"네? 각수요?"

충서가 잔뜩 궁금한 얼굴로 말했다.

"그래. 각수가 되어 열심히 일을 하면 부처님이 소원을 들어 주신대. 부처님 말씀을 한 자 한 자 정성스럽게 새기면서 소원을 빌면 부처님이 반드시 들어 주신대."

충서는 그 말을 듣고 귀가 솔깃해졌다. 각수가 되어 소원을 빌면 정말 아버지도 아무 탈 없이 돌아올 수 있고, 어머니 병도 말끔히 나을 수 있을까? 그렇게만 될 수 있다면 얼마나 좋을까?
"쓸데없는 소리! 이 녀석이 무슨 수로 각수가 된단 말이야?"

어느 틈엔지 강수가 다가와 있었다.

"왜 못해? 오빤 칼을 잘 다뤄서 각수가 되었나 뭐."

"글자를 알아야 될 거 아냐, 글자? 네 녀석이 글자를 알아?"

충서는 그만 고개를 떨구었다. 글자를 몰랐던 것이다. 그렇다면 틀린 일이었다. 지금부터 배운다고 해도 어느 세월에 그 많은 글자를 익힐 수 있단 말인가?

"그래, 아닌 게 아니라 차라리 네가 할 수 있었으면 좋으련만. 그러잖아도 난 하기 싫어 죽겠는데, 네가 내 경판을 대신 좀 새기게 말이다."

강수는 괴로운 듯 얼굴을 찡그리며 말했다.

"오빠, 그런 말 하지 마. 온 정성을 다해 글을 새기라고 했잖아."

"그럼 네가 대신 좀 해 줄래? 아버지가 하라니까 어쩔 수 없이 하지만 정말 지겨워 죽겠어!"

강수는 그렇게 말하고는 강희 아씨가 가져온 음식 보따리만 낚아채서 들어가 버렸다. 충서는 힘없이 돌아섰다.

"충서야, 너무 실망하지 마. 내가 도와줄게. 반드시 너도 훌륭한 각수가 될 수 있을 거야."

하지만 충서의 귀에는 강희 아씨의 목소리가 들어오지 않았다.

그 뒤로 며칠째 충서는 힘이 없었다. 밥맛도 없었고 일도 하기 싫어졌다. 아무리 열심히 지게질을 해도 부처님이 충서의 소원을 들어 줄 것 같지 않았다. 이깟 일을 하는 자기한테까지 부처님이 신경을 써 줄 겨를은 없을 것 같았다. 이제 아버지가 탈 없이 돌아오는 것도 틀렸고 어머니 병이 낫는 것도 다 틀린 것 같았다.

"어허, 이 녀석이 왜 그러는 겨? 요 며칠 새 통 말이 없으니."

하루는 젊은 스님이 충서한테 다가와 말을 걸었다.

"……."

"일이 하기 싫어진 겨? 그럼 관둬. 일하겠다는 사람은 많으니까."

"그런 게 아니에요."

"그럼 왜 그래?"

"스님, 각수는 꼭 글자를 알아야만 될 수 있나요? 그렇다면 저는 결코 각수가 될 수 없는 건가요?"

"각수? 각수가 되고 싶은 게냐?"

충서는 고개를 푹 숙였다. 너무 무리한 말을 한 것 같았다.

"꼭 글자를 알아야 하는 건 아니란다. 각수는 목판에 붙인 종이에 쓰인 글자를 그대로 새기기만 하면 되는 거야."

"그럼 저도 각수가 될 수 있단 말인가요?"

스님의 말에 충서는 눈을 반짝이며 물었다. 그러자 스님이 가만히 충서를 바라보며 천천히 입을 열었다.

"각수가 하는 일이나 네가 목판을 나르는 일이나 똑같이 중요한 일이란다. 그러니 지금 하고 있는 일에 정성을 다하려무나. 그럼 부처님께서 네 소원도 들어 주실 게다."

하지만 충서는 그 말을 믿을 수 없었다. 또 소원을 들어 준다 해도 너무 늦게 들어 줄 것 같았다. 아버지한테 무슨 일이 생기거나 어머니 병이 더 깊어진 다음에 소원을 들어 주면 무슨 소용이란 말인가?

그날 밤부터 어디선가 이상한 소리가 들렸다. 딱따구리가 나무 둥치를 쪼는 소리 같기도 했고, 갈매기가 조개를 쪼아 먹는 소리 같기도 했다. 달이 밝은 날이면 그 소리는 더 오랫동안 이어졌다.

그 소리는 다름 아닌 충서가 부러진 낫을 써서 목판에다 글자를 새기는 소리였던 것이다. 스님과 각수들이 잘못 해서 버린 종이와 목판을 주워 와서는 글자를 새기는 연습을 하고 있었던 것이다.

어느 날 충서가 일을 마치고 집에 돌아오자 어머니가 노란 보자기에 싼 것을 내놓으며 말했다.

"낮에 강희 아씨께서 다녀가셨다. 이걸 너한테 전해 달라 하더구나."

충서는 보자기를 펴 보았다. 그런데 거기에는 놀랍게도 여러 개의 조각칼이 들어 있었다. 그것을 본 충서는 뛸 듯이 기뻤다. 강희 아씨도 충서가 훌륭한 각수가 되기를 바라고 있었던 것이다.

역사스페셜박물관

대장경이란?

대장경은 불경을 집대성한 경전을 말하는데, 부처님의 말씀을 적은 경장, 불제자들이 지켜야 할 규범을 적은 율장, 불제자들의 의견이나 주장을 모은 논장을 모두 일컫는 말입니다. 바로 이 대장경에 부처님의 모든 가르침이 다 들어 있으므로 이것을 오래 보존하고 널리 읽히려고 대장경판을 만든 것입니다. (법보신문)

● 대장경은 어떻게 만들까요?

한지에 불경을 베껴 쓰다

목판에 불경을 새기려면 먼저 깨끗한 한지에 스님들이 불경을 일일이 베껴 적는데, 이것을 판하본이라고 해요. 이렇게 한지에 쓴 불경을 목판에 뒤집어 붙이고 글자를 한 자씩 새겨 가는데, 이렇게 해야만 나중에 인쇄를 했을 때 글자가 바로 찍혀 나올 수 있기 때문입니다. (청주고인쇄박물관)

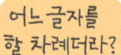

판각을 하다

목판에 한 자씩 글자를 새겨 나가는 것을 판각이라 하는데, 이 작업이 가장 힘들고 시간도 오래 걸린다고 하는군요. 잘하는 사람이 하루 종일 해도 마흔 자에서 쉰 자가 고작이라고 해요. 그래서 한 사람이 한 달에 경판 두 장 새기기가 어려웠을 것이라고 합니다. (시몽포토)

인쇄를 하다

판각 작업이 다 끝나고 나면 이제 인쇄를 해요. 경판 위에 먹물을 칠하고 나서 깨끗한 한지를 덮은 다음 헝겊 뭉치 같은 걸로 골고루 톡톡 두드려 가면 종이에 글자가 새겨집니다. 이렇게 인쇄된 종이를 책으로 엮어 대장경을 만들었던 것이지요. (청주고인쇄박물관)

팔을 다치다

다가오는 부처님 오신 날까지 경판을 모두 만들라는 큰스님의 명령이 떨어졌다. 임금님께서 몸소 부처님 오신 날에 경판을 부처님께 바칠 거라고 했다. 각수들은 밤낮없이 경판을 새기는 일에 온 힘을 쏟았다.

강수는 점점 조바심이 났다. 목판이 자꾸만 깨졌던 것이다. 목판이 깨지거나 한 글자라도 틀리면 스님들께 부탁해서 불경을 다시 종이에 써 달라고 해야 했다. 자칫 며칠의 노력이 물거품이 되기 일쑤였다.

큰스님은 강수의 정성이 모자라서 그렇다고 입버릇처럼 말했다. 하지만 강수의 생각은 달랐다. 글자가 틀린 것은 자기의 잘못이지만 목판이 깨지는 건 목재소에서 나무를 잘못 다뤘기 때문이라고 생각했다. 강수는 큰스님을 졸라 자신이 손수 목판을 고르겠다고 했다. 큰스님은 강수의 그런 뜻을 기꺼이 받아들였다.

목재소에 큰스님과 강수와 강희 아씨가 나타나자, 목재소 사람들이

다들 긴장한 얼굴로 이들을 바라보았다. 강수가 쌓여 있는 목판들을 이리저리 살폈다. 젊은 스님이 강수한테 다가와서 말했다

"목판에 대해서는 여기 있는 사람들이 더 잘 압니다. 도련님께서는 이들을 믿으세요. 모두들 온 정성을 다해 목판을 만들고 있습니다."

"그 정성이란 소리 좀 그만하세요."

"그냥 두어라. 자기가 새길 목판을 스스로 찾아보는 것도 부처님께 정성을 다하는 일이니라."

큰스님이 얼굴 가득 따뜻한 웃음을 지으며 말했다. 강수는 목판 더미 사이를 헤집고 다니면서 열심히 질 좋은 목판을 찾았다. 그 뒤를 두 스님과 강희 아씨가 뒤따랐다. 바로 그때였다.

"거긴 안 됩니다!"

강수가 목판 더미 사이에 걸쳐 있는 거적을 들추려 하자, 충서가 쏜살같이 달려와 그 앞을 막아섰다.

"왜 안 된다는 게야? 이 거적 안에 뭐가 들어 있기에."

"아, 아무것도 아닙니다."

충서가 얼굴이 노래져서 더듬거리며 말했다.

"비켜라! 내가 손수 봐야겠다."

"도련님 여긴 제발 보지 마십시오."

"대체 뭘 숨겨 놨기에 이러는 것이냐? 어서 못 비키겠느냐?"

그러면서 강수는 충서를 힘껏 밀쳐 냈다. 거적을 들춰 낸 강수와 둘레

의 사람들은 깜짝 놀랐다. 거기에는 글자가 새겨진 목판들이 수북이 쌓여 있었던 것이다.

"이게 어찌 된 일이냐? 이걸 다 어디서 훔쳤어?"

강수가 믿을 수 없다는 듯 말했다.

"훔친 게 아니에요."

"잠깐만 어디 보자."

큰스님이 강수가 들고 있는 목판을 건네받아 꼼꼼히 들여다보았다.

"이건 훔친 게 아니다. 목판도 종이도 못 쓰게 돼 버린 것을 가져다가 새긴 게 틀림없다. 이걸 모두 네가 했느냐?"

큰스님은 충서를 바라보며 조금 떨리는 듯한 목소리로 물었다.

"가, 각수가 되고 싶어서……."

충서는 고개를 푹 숙이며 말했다.

"이럴 수가!"

둘레에 모여 있던 사람들은 저마다 입을 다물지 못했다. 강희 아씨도 놀라기는 마찬가지였다. 그러자 강수는 자칫 각수 자리를 천한 충서한테 뺏길지도 모른다는 생각에 발끈해서 나섰다.

"얼른 이걸 모두 불태워 버려라!"

그러면서 강수는 목판 더미에다 사정없이 발길질을 해 댔다. 그 바람에 쌓여 있던 목판들이 와르르 무너져 내렸다.

"앗! 안 돼요!"

강희 아씨가 놀라 소리를 질렀다. 바로 그때 충서가 몸을 날려 강수를 감싸 안았다. 하지만 목판 더미에 둘은 그대로 깔리고 말았다. 눈 깜짝할 사이의 일이었다. 둘레의 사람들이 놀라서 달려갔다. 다행히 강수는 다친 데 없이 툭툭 털고 일어났다. 충서도 덩달아 몸을 일으키려 했다.

"괘, 괜찮으냐?"

큰스님이 충서를 바라보며 놀란 얼굴로 물었다.

"아악!"

충서가 오른쪽 팔꿈치를 감싸며 비명을 질렀다.

"누가 너더러 그러래?"

강수는 못마땅한 듯 투덜거리며 가 버렸다.
충서의 눈은 절망으로 가득했다.
팔을 다쳐 버린 것이다.

역사스페셜박물관

오천만 자의 기적, 팔만대장경

팔만대장경은 자그마치 16년간에 걸친 피와 땀으로 만들어졌다고 해요. 경판 수는 모두 8만 1258장이고, 여기에 새겨진 글자 수는 모두 5천2백만 자가 넘는다는군요. 그런데 더 놀라운 것은 틀린 글자가 거의 없다는 것입니다. 또 이것을 모두 쌓으면 백두산(2744미터)보다 더 높은 3200미터에 이른다고 합니다. 바로 이 때문에 팔만대장경이 세계문화유산에 보란 듯이 등록될 수 있었던 것입니다.(시몽포토)

경판

경판을 만들 수 있는 나무는 통나무로 잘랐을 때 굵기가 40센티미터쯤, 길이는 1미터쯤 돼야 합니다. 그런데 1, 2미터짜리 통나무 하나로 만들 수 있는 경판은 대개 대여섯 장뿐이므로, 팔만대장경을 만들려면 통나무가 자그마치 1만 5천이 넘게 있어야 한다고 하는군요. 게다가 나무를 베고 옮기는 데만도 일꾼이 8만에서 12만쯤이나 있었다고 합니다. 경판 하나에는 앞뒤 한 면에 322자씩 해서 거의 644자가 새겨져 있다는군요.(시몽포토)

마구리와 구리 장식

경판 양옆에는 경판보다 두꺼운 마구리용 목재를 끼워요. 이는 인쇄할 때 손잡이로도 쓰고, 경판을 보관할 때 글자 면이 서로 안 닿게 하는 구실까지 한다고 해요. 또한 경판 네 귀퉁이에는 구리 장식을 붙여 판을 단단하게 고정시켜 오래 돼도 판이 안 뒤틀리게 했어요. 그리고 옻칠을 두세 번쯤 해서 벌레나 습기를 막아 경판을 오래 보존할 수 있었어요.(시몽포토)

히히, 내가 새긴 거야!

각수의 이름을 새기다

경판에 보면 경전을 새긴 오른쪽 바깥에 판각을 한 사람 이름이 새겨져 있습니다. 각수의 이름은 오목하게 새겨 놓아 판을 찍었을 때 종이에는 안 찍혀 나오게 했어요. 판각에는 스님을 비롯해 수많은 사람이 스스로 참여했다고 합니다.(박상진)

경판을 완성하다

강화도에 봄이 무르익어 가고 있었다. 산과 들에는 온갖 꽃들이 피어나고 바람은 따듯하고 부드러웠다. 강화도 곳곳에는 또 다른 꽃들이 피어났다. 바로 연등이었다. 열흘 앞으로 다가온 부처님 오신 날을 맞이하려고 연등이 온 섬을 뒤덮다시피 했다. 사람들은 저마다 소망을 담아 연등을 내걸었다. 몽골군이 빨리 물러가기를 바라거나 잃어버린 식구가 하루 빨리 돌아오기를 바라기도 했다. 그런 까닭에 섬은 모처럼 생기가 넘쳐 났다.

하지만 충서는 달랐다. 그날 팔을 다친 뒤로 손가락이 제대로 안 움직여 목재소에 나가지도 못했다. 더 큰 걱정은 이대로 영영 팔이 굳어져 버리면 어쩌나 하는 것이었다. 충서는 날마다 언덕에 올라앉아 멍하니 바다만 바라보고 있었다.

"꽝!"

각수들이 일하던 방 안에서 갑자기 벼락 같은 소리가 들렸다. 조용히 경판을 새기던 각수들이 모두 소리 나는 쪽으로 돌아다보았다. 강수가 자리에서 벌떡 일어나 씩씩거리고 있었다. 강수 앞에는 목판에서 떨어져 나간 글자 조각들이 아무렇게나 흩어져 있었다. 또다시 글자 조각이 떨어져 나가자 강수는 분을 삭이지 못해 경판을 바닥에 힘껏 내팽개쳤던 것이다. 마지막 몇 글자만 더 새기면 되는데 그만 또 글자가 떨어져 나간 것이다. 지난 며칠간의 노력이 물거품이 되고 만 것이다. 다른 각수들은 저마다 혀를 끌끌 차고는 고개를 돌려 버렸다.

"도련님, 왜 그러세요?"

젊은 스님이 다가와 강수한테 물었다.

"왜 내 목판만 번번이 이렇게 말썽이냐고요?"

젊은 스님은 강수가 던져 버린 목판을 안타까운 눈으로 바라보았다. 큰일이었다. 부처님 오신 날 행사는 이제 닷새 앞으로 다가왔는데, 강수가 새겨야 할 경판은 아직도 석 장이나 더 남아 있었다.

"도련님, 정 힘드시면 다른 각수한테 맡길까요?"

젊은 스님이 강수의 눈치를 살피며 넌지시 말했다.

"그건 안 돼요! 무슨 수를 쓰더라도 내가 해내고 말 거예요."

젊은 스님의 말에 강수가 큰 소리로 대꾸했다.

"하지만 시간이 없습니다."

"아 글쎄, 알았다니까요!"

그러면서 강수는 밖으로 휙 나가 버렸다. 젊은 스님은 어쩔 줄을 몰랐다. 강수 하나 때문에 임금님께 보여 드릴 경판을 완성하지 못한다면 정말 큰일이었다. 이 모습을 멀찍이서 큰스님이 지켜보고 있었다.

해질 무렵 터벅터벅 집으로 돌아오던 충서는 깜짝 놀랐다. 집 앞에 강희 아씨가 기다리고 있었던 것이다.

"아니, 아씨께서 여기까지 어쩐 일이십니까?"

"충서야, 나 좀 도와줘. 아니 우리 오빠 좀 도와줘."

충서는 그 말이 무슨 뜻인지 몰라 어리둥절한 얼굴이었다.

"오빠가 또 경판을 망쳤대. 부처님 오신 날까지 새겨야 할 경판이 석 장이나 남았는데, 또 망쳤다지 뭐야. 아까 스님들이 집에 와서 걱정하는 소릴 들었어. 잘못하면 오빠가 큰 벌을 받을지도 모른대."

"그렇지만 제가 그 일을 할 수 있을까요?"

"네가 밤에 몰래 가서 좀 새겨 줘. 응?"

"아, 아씨!"

"제발 부탁이야."

충서는 강희 아씨를 똑바로 바라보았다. 강희 아씨의 두 눈에 눈물이 그렁그렁 어리고 있었다.

자정이 지나자 각수들이 일하던 방에 불이 꺼졌다. 밤늦게까지 경판을 새기던 각수들이 저마다 잠자리에 들러 갔다. 바로 그때 달빛이 비치는 마당에 그림자 하나가 나타났다. 그 그림자는 곧장 각수들의 방으로 들어갔다. 충서였다. 방 안으로 들어선 충서는 강희 아씨가 일러준 대로 강수의 자리를 찾았다.

충서는 천천히 목판을 앞에 놓고 그 위에 불경이 쓰인 종이를 덮었다. 그러고는 천천히 조각칼과 망치를 잡았다. 하지만 곧 충서는 망치를 놓치고 말았다. 다친 팔 때문에 오른손에 힘을 줄 수가 없었던 것이다. 글을 새기려면 망치를 쥔 오른손에 힘을 주고 조각칼을 두드려야 하는데, 지난번 목재소에서 오른팔을 다치는 바람에 그럴 수가 없었다.

'안 돼, 안 돼.'

충서는 고개를 가로저었다.

'충서야, 할 수 있어. 간절히 빌면 이루어진다고 했어.'

강희 아씨의 목소리가 귓가에 들려왔다. 충서는 다시 망치를 집는 대신 천천히 일어나 절을 했다. 목판을 앞에 두고 부처님께 절을 하듯 이마를 바닥에 대고 두 손을 치켜 올렸다.

'부처님 제발 제 손이 움직일 수 있게 해 주세요.'

충서는 오랫동안 그렇게 기도를 올렸다. 그리고 난 뒤 충서는 다시 조심스럽게 망치를 집어 들었다. 다행히 이번에는 망치가 손에서 안 떨어졌다. 충서는 왼손으로 조각칼을 잡았다. 창문을 통해 들어온 달빛이 종이 위의 부처님 말씀을 환히 비추고 있었다. 충서는 천천히 망치를 들어 올렸다. 그리고 조각칼을 글자 끝에 대고 망치로 톡톡 두드렸다. 조각칼 끝이 부드럽게 목판을 파고들었다.

이른 새벽, 소식을 듣자마자 큰스님이 달려왔다. 그곳에는 벌써 젊은 스님이 나와서 기다리고 있었다. 젊은 스님은 각수들이 일하는 한 방을 가리켰다. 큰스님이 문틈으로 방 안을 들여다보았다. 희뿌연 새벽빛을 받으며 누군가 경판을 새기고 있었다. 그러더니 곧 일어나 절을 했다. 절을 한 다음에는 다시 경판을 새기기를 거듭하고 있었다.
"전에 봤던 충서라는 아이입니다."

큰스님은 입에다 손가락을 갖다 댔다. 날이 밝아 오자 각수들이 하나 둘씩 모여들었다. 그들은 모두 숨을 죽인 채 놀란 눈으로 스님들과 함께 방 안을 들여다보았다. 사람들이 밖에 가득 몰려와 있었지만 충서는 아무것도 모른 채 경판 새기는 데만 온 정성을 쏟고 있었다. 뒤늦게 강수가 나타나서는 그 모습을 보자마자 안으로 뛰어들려고 했다.

"그만두어라!"

큰스님이 눈을 크게 뜨고 강수를 꾸짖었다.

"바로 저것이니라! 한 자를 새기고 부처님께 한 번 절을 올리는 저 애틋한 마음이 있어야만 마침내 대장경은 완성될 수 있는 것이야."

큰스님의 그 말에 모두가 고개를 숙였다.

그 뒤로 각수들도 똑같이 한 글자를 새기고 절을 한 번 올리곤 했다. 이제 그들 틈에는 충서도 끼어 있었다. 물론 강수도 있었다. 그렇게 일을 하면서부터 강수는 몸과 마음이 한결 가벼워지는 걸 느꼈다. 그전에 그렇게 자주 하던 실수도 더는 하지 않았다.

마침내 경판이 완성되는 날, 임금님께서 수많은 대신들을 거느리고 행차를 하셨다. 넓은 마당 한가운데 가득히 쌓인 경판을 바라보며 임금님이 향을 피우고 나서 합장을 올렸다. 백성들도 임금님을 따라서 합장을 올렸다. 거기에는 충서 어머니도 나와 있었다. 어젯밤부터 몸이 가벼워지더니 오늘은 마음대로 몸을 움직일 수 있었다.

강수가 옆에 서 있는 충서의 손을 슬쩍 잡았다. 충서가 놀란 얼굴로 강수를 바라보았다.

"나를 용서해 줄래? 그동안 정말 미안했어."

강수는 진심 어린 눈빛으로 말했다.

"도, 도련님……."

충서는 강수가 잡아 준 손에 힘을 주었다. 강수가 충서를 바라보며 해맑게 웃었다. 그 모습을 지켜보며 누구보다 기뻐한 것은 강희 아씨였다.

바로 그때 강화도 바닷가에는 작은 배 하나가 막 다다랐다. 배가 닿자마자 어떤 사내 하나가 배에서 훌쩍 뛰어내리더니 어디론가 열심히 달려갔다. 그 사내는 다름 아닌 몽골군한테서 풀려난 충서 아버지였다.

역사스페셜 박물관

배 모양을 하고 있는 해인사 전경

경남 합천에 있는 해인사는 팔만대장경과 성철 스님으로 널리 알려진 사찰이죠. '해인'은 화엄경에 나오는 말인데, "모든 번뇌가 사라진 다음 우주의 갖가지 참모습이 바다에 비치는 경지"를 말한다는군요. 그래서인지 해인사 전체 모습은 장경각 뒤쪽에 있는 탑을 돛대로 한 배 모양이랍니다. (시몽포토)

문화유산을 잘 보존하라!

장경각 전경

팔만대장경은 조선 초기에 지금의 해인사 장경각으로 옮겨왔다고 해요. 장경각은 모두 네 채의 건물로 이루어져 있는데, 대장경은 남쪽과 북쪽에 있는 기다란 건물에 있습니다. 장경각 안은 바람이 잘 들고 햇볕이 알맞아 팔만대장경은 이곳에서 거의 600년간 아무 탈 없이 잘 보존될 수 있었던 것이죠. 그래서 장경각은 지난 1995년에 유네스코가 지정한 세계문화유산으로 등록되기도 했습니다. (시몽포토)

수다라장 앞벽 창문과 뒷벽 창문

장경각 남쪽 건물을 수다라장이라 하는데, 수다라장 앞뒤 벽면에는 나무창살이 달린 창문들이 나 있습니다. 그런데 이 창문들은 아래위의 크기가 다릅니다. 앞벽은 아래 창문이 위 창문보다 거의 네 배쯤 크고, 뒷벽은 위 창문이 아래 창문보다 거의 1.5배쯤 큽니다. 이 때문에 장경각 안에는 늘 신선한 공기들이 들고날 수 있어 나무로 만들어진 팔만대장경이 여태껏 잘 보존될 수 있었던 것입니다. (시몽포토)

장경각 내부 모습

팔만대장경은 이렇게 장경각 안에 빼곡히 늘어서 있는 판가(나무 선반)에 잘 보존돼 있어요. 판가 하나는 5단으로 돼 있고, 한 단에는 경판이 두 칸씩 세로로 꽂혀 있지요. 그리고 바닥에는 숯과 소금 그리고 석회를 다져서 깔아 습기가 많은 여름철에는 물기를 빨아들이고, 건조한 겨울철에는 습기를 알맞게 조절해 경판이 늘 본래의 모습을 유지하도록 했습니다. (시몽포토)

판가에 꽂힌 대장경판

대장경판은 판가에 빼곡히 들어 있는데, 천자문에 따라 천(天), 지(地), 현(玄), 황(黃) 이런 순서로 보관하고 있어요. 어느 경판이 어디쯤 있는지 한눈에 알아볼 수 있도록 한 것이지요. 이 팔만대장경을 다 읽어 보는 데만도 자그마치 30년이나 걸린다고 해요. (시몽포토)

남선사와 초조대장경

일본 쿄토에 있는 남선사에서는 지난 1967년 고려의 초조대장경 인쇄본이 거의 1800권이나 발견됐어요. 초조대장경은 팔만대장경보다 200년쯤 앞서 거란 침입 때 만들어졌는데, 처음 만든 대장경이란 뜻에서 '초조대장경'이란 이름이 붙여졌다고 해요. 몽골군의 침입 때 경판은 모두 불타 없어졌고, 지금은 인쇄본만 일부 남아 있답니다. (송형근/연합뉴스)

제발 한 장만 주십시오!

팔만대장경에 보인 일본의 뜨거운 관심

일본은 끊임없이 우리한테 팔만대장경을 요구해 왔습니다. 《고려사》에 보면 고려 말 창왕 때 "일본 사신이 토산물을 바치고 포로 250명을 돌려주면서 대장경을 요구했다."고 나옵니다. 또 《조선왕조실록》에는 태종 때부터 효종 때까지 자그마치 80차례에 걸쳐 일본이 대장경을 요구했고, 세종 때는 일본 사신이 단식 소동을 벌이기까지 했다고 합니다. 일본이 대장경에 목을 맨 것은 일본 사회에서 힘이 큰 불교 사원이 대장경을 얻음으로써 더 큰 힘을 차지하려고 했기 때문입니다.

고려 각수의 마음을 새기다

"아니, 어디 갔었어? 한참 찾았잖아."

성주가 계단에서 올라오자 엄마가 놀란 얼굴로 다가오며 말했다.

"응, 강화도."

성주는 아무렇지도 않은 듯 대답했다.

"뭐, 강화도? 아니, 얘가 지금 무슨 뚱딴지같은 소리야? 해인사에서 강화도 타령을 하다니."

"그런 게 있어!"

성주가 슬쩍 웃으며 말꼬리를 돌렸다.

"어쨌든 밥이나 먹자. 이 마을 산채 정식이 아주 맛있어."

아빠가 성주의 어깨에 손을 올렸다.

"잠깐만요, 아빠."

그러면서 성주는 팔만대장경 모형의 경판 앞으로 다가갔다. 성주는 그 경판을 똑똑히 들여다보았다. 그러자 진짜 경판이 보고 싶었다.

"아빠, 나 진짜 경판 보고 싶어요."

"그래? 지금은 장경각을 고치고 있어서 안 되니까 다음엔 꼭 실물을 보자꾸나. 그런데 왜 갑자기 경판이 보고 싶어졌어? 한자는 지긋지긋하다더니."

"한 자를 새기고 한 번 절을 올렸던 고려 각수들의 정성을 느껴 보고 싶어서요."
성주가 싱긋이 웃으며 말했다.
"아니, 우리 성주가 그걸 어떻게 알아?"
엄마가 눈이 동그래져서 끼어들었다.
"치, 내가 그런 것도 모를까 봐?"
"그래. 바로 그런 정성이 있었기에 무려 오천만 자가 넘는데도 한 자도 틀린 글자 없이 만들 수 있었던 거야."
아빠가 그런 성주가 기특한 듯 얼굴에 웃음을 지으며 말했다.
"그래서 세계문화유산에 등록된 거잖아요."
"얼씨구! 우리 성주 그동안 대장경 공부 진짜 많이 했네?"

성주는 그러고 나서 다시 대장경 인경 체험관 쪽으로 다가갔다. 그러고는 경판을 하나 골라 먹을 칠하고 나서 종이를 덮었다. 그런 다음 헝겊뭉치를 손에 쥐고 종이 위를 정성껏 토닥토닥 두드렸다. 하얀 종이 위에 점점 까만 글자가 새겨졌다.

그 옛날 충서 같은 고려 각수들이 나무에 부처님 말씀을 한 자 한 자 새긴 대장경판. 성주는 마음속에 자기만의 팔만대장경을 새겨 갔다. 고려 각수의 마음으로 살아간다면 무슨 일이든 해낼 수 있을 것 같은 생각이 들어 가슴이 벅차올랐다.

몽골군의 침략과 팔만대장경

날쌘 기병을 무기 삼아 중국을 지배하고 중앙아시아를 넘어 유럽까지 두려움에 떨게 했던 정복 국가 몽골. 마침내 그들은 말발굽을 동쪽으로 돌려 거침없이 고려에까지 쳐들어왔다. 이렇게 시작된 몽골과의 전쟁은 1231년부터 1258년까지 거의 30년 동안 이어지는데…….

몽골군이 지나간 곳은 모두 잿더미가 되고 주검들로 넘쳐났다. 몽골군은 열 살 넘은 남자를 모조리 죽이고, 여자와 어린이는 포로로 잡아갔다. 게다가 고려 사람들은 그치지 않는 전쟁 때문에 농사를 지을 수조차 없어 굶주림에 시달려야 했다.

그 무렵 무신 정권의 우두머리 최우는 수도를 개경에서 강화도로 옮겼다. 강화도는 섬이라 물에 약한 몽골군의 공격을 막기에 알맞고, 수도 개경에서 가까운 데다가 여러 지방에서 배에 실려 올라오는 세금이 다다르기에 편리한 곳이었다.

그런데 최우와 그 무리들은 강화도로 수도를 옮기면서 뭍에 남게 될 백성들은 생각하지도 않고 자기들만 살겠다고 달아나 백성들은 더욱 큰 고통을 겪어야 했다. 이런 가운데서도 농민들로 이루어진 농민군과 노비를 비롯한 천민으로 이루어진 천민군은 몽골군에 맞서 목숨을 걸고 싸워 곳곳에서 승리를 거두었다. 그 본보기가 용인의 처인성이라는 곳에서 천민들을 이끌고 몽골군의 총사령관 살리타를 죽이고, 그 부대마저 물리친 승려 김윤후 부대였다. 하지만 전쟁으로 불타 버린 황룡사 구층목탑을 비롯한 귀중한 문화유산이 이 무렵에 셀 수 없을 만큼 역사 속으로 사라진 것은 안타깝기 그지없는 일이었다.

이런 가운데 무신 정권의 우두머리 최우는 전쟁으로 불만이 쌓여 가는 백성들이

흔들리는 것을 막고, 나라의 힘을 한 곳으로 모으려고 마침내 팔만대장경을 만들라고 명령했다. 그전에도 고려 사람들은 외적의 침입을 받아 나라가 위태로울 때마다 대장경을 만들었던 적이 있었다. 고려의 첫 대장경은 거란의 침입 때 만들어졌는데, 이것을 처음 만든 대장경이란 뜻에서 '초조대장경'이라 일컬었다. 이것 또한 몽골군의 침입으로 경판은 모두 불타 버리고 현재는 인쇄본만 조금 남아 있다.

 팔만대장경을 만드는 데는 어마어마한 돈과 수많은 사람들의 노동력이 들어갔다. 나무를 베는 나무꾼, 나무를 운반하는 사람, 글자를 새기는 사람, 교정을 보는 사람 같은 기술자와 백성들을 모두 모으다시피 했다. 돈을 낸 사람들도 많았다. 최우를 비롯한 무신 정권의 우두머리에서부터 평범한 백성들에 이르기까지 정성껏 시주를 했다. 이들의 이름은 짤막한 사연과 함께 경판에 새겨졌다.

 팔만대장경에는 그때 사람들의 마음이 오롯이 담겨 있었다. 전쟁이 빨리 끝나기를 바라는 마음, 자식을 갖게 해 달라는 마음, 부모의 무병장수를 비는 마음 같은 것들이었다.

 이렇듯 전쟁의 소용돌이 속에 고려 사람들의 피와 땀으로 만들어진 팔만대장경은 한 자의 오자나 탈자도 없이 자그마치 750년간을 이어져 내려왔다. 이제 팔만대장경은 우리의 문화유산을 넘어 세계의 문화유산으로 그 이름을 떨치고 있다.

역사 스페셜 작가들이 쓴 이야기 한국사 25
오천만 자의 기적 나무에 새긴 팔만대장경

글 윤영수 | 그림 정소영

초판 1쇄 펴낸날 2008년 4월 2일 | **초판 16쇄 펴낸날** 2020년 7월 15일
펴낸이 조은희 | **편집장** 한해숙 | **기획·편집** 네사람
디자인책임 하늘·민 | **디자인** 최성수, 이이환 | **사진진행** 시몽포토에이전시
마케팅 박영준 | **온라인 마케팅** 정보영 | **경영지원** 김효순 | **제작** 정영조, 강명주
펴낸곳 ㈜한솔수북 | **출판 등록** 제 2013-000276호 | **주소** 03996 서울시 마포구 월드컵로 96 영훈빌딩 5층
전화 02-2001-5823(편집), 02-2001-5828(영업) | **전송** 02-2060-0108 | **전자우편** isoobook@eduhansol.co.kr
블로그 blog.naver.com/hsoobook | **인스타그램** soobook2 | **페이스북** soobook2
ISBN 979-11-7028-487-1 73910 | **ISBN** 979-11-7028-461-1(세트)

어린이제품안전특별법에 의한 제품 표시
품명 아동 도서 | **사용연령** 만 8세 이상 어린이 제품 | **제조국** 대한민국 | **제조자명** ㈜한솔수북 | **제조년월** 2020년 7월

ⓒ 2008 윤영수·네사람·㈜한솔수북

※ 저작권법으로 보호받는 저작물이므로 저작권자의 서명 동의 없이 다른 곳에 옮겨 싣거나 베껴 쓸 수 없으며 전산장치에 저장할 수 없습니다.
※ 값은 뒤표지에 있습니다.

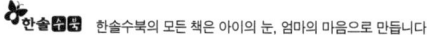